글 | 이유정
중앙대학교에서 문예창작을 공부했습니다. 유치원 선생님, 애니메이션 시나리오 작가,
사사 작가, 여행 잡지 기자로 다양한 경험을 쌓다가 지금은 두 아들을 키우며,
좋은 책을 쓰기 위해 궁리하고 있습니다. 쓴 책으로는 〈모두 모두 반대야〉,
〈한밤중 숲 속에서〉, 〈안 돼 안 돼 다치면 안 돼〉 등이 있습니다.

그림 | 박묘광
어느 해 여름, 우연히 들른 어린이 책 서점에서 아름다운 책을 만드는 사람이
되어야겠다고 마음먹고 그림을 그리고 글을 쓰고 있답니다.
〈옛 그림 따라 아장아장〉, 〈달님이랑 놀아요〉 등에 글을 썼고,
〈얼뚱 브라더스 딱 걸렸어!〉, 〈공이 굴러가지? 그게 물리야!〉, 〈어린이는 어린이다〉,
〈오십 번은 너무해〉 등에 그림을 그렸습니다.
〈아주 특별한 몸속 여행〉은 글도 쓰고 그림도 그린 책이랍니다.

감수위원 | 김수진
국민대학교 국사학과를 졸업하고 서울대학교 대학원에서
고대 대외관계사를 공부하고 있습니다.
현재 서울대학교에서 강의를 하고 있습니다.

누리 한국사 17 크고 강한 나라 발해

글 이유정 | 그림 박묘광 | 감수 김수진 | 펴낸이 김의진 | 기획편집총괄 박서영 | 편집 김빈애 정재은 김한상 | 글 다듬기 박미향 | 디자인 수박나무
제작·영업 도서출판 누리 | 펴낸곳 Yisubook | 주소 경기도 고양시 일산동구 일산로67, 3층 | 고객상담실 080-890-7000
잘못된 책은 바꾸어 드립니다. 이 책에 실린 글이나 그림을 무단으로 복사, 복제, 배포하는 것을 금합니다.
⚠ 1. 사람을 향해 던지거나 떨어뜨리지 마십시오. 2. 고온 다습한 장소나 직사광선이 닿는 장소에는 보관하지 마십시오.

크고 강한 나라
발해

글 이유정 그림 박묘광

새로운 나라 발해는 어떻게 발전했을까요?

발해를 크고 강한 나라로 만들 것이다. 백성들이 다시는 나라 잃은 설움을 당하지 않게 할 것이다.

대조영

대조영 만세! 발해 만세!

고구려 백성들

고구려가 멸망한 지 30년.
대조영은 고구려 백성들과 말갈족을 이끌고
새로운 나라 발해를 세웠어요.
발해는 과연 고구려처럼 크고 강한 나라가
될 수 있을까요?

뭐, 고구려를 이은 발해? 그 강했던 고구려가 되살아났단 말이냐?

측천무후

668년, 고구려가 멸망했어요.
당나라는 드넓은 고구려 땅을 다스리려고 했지만 쉽지 않았어요.
고구려 사람들이 끊임없이 맞섰기 때문이지요.
당나라는 고구려가 다시는 일어서지 못하도록
고구려 사람들을 당나라 곳곳으로 끌고 갔어요.
고구려의 장수였던 대조영과 아버지 걸걸중상은
영주로 끌려갔어요.
고구려 땅에서 아주 먼 당나라 땅이었지요.
"아버지, 조금만 참으십시오."
"고구려를 잊지 마라. 반드시 돌아와 고구려를 되살려야 한다."
대조영과 걸걸중상은 손을 굳게 맞잡았어요.

고구려 사람들이 영주에 끌려온 지 20여 년이 흘렀어요.
영주 땅은 농사를 지을 수 없는 거친 땅이었어요.
그곳에 오래전부터 살아온 거란족과 고구려 사람들,
함께 끌려온 말갈족은 당나라의 지배를 받으며
황무지를 일구어야 했어요.
"아무리 돌을 골라내도 끝이 없습니다."
"손톱이 빠지고 손발이 갈라 터진 사람이 한둘이 아닙니다."
"먹을 것이 없어 제일 걱정입니다.
당나라 관리는 제 뱃속만 채우느라 바쁘니…."
대조영과 걸걸중상은 그들을 위로했어요.
"어쩌겠는가. 힘들더라도 참아야 하네."
"고구려 땅으로 돌아갈 날이 반드시 올 것입니다."

거란족 : 5세기 이래 동몽골 지역에 살던 유목 민족이에요.
말갈족 : 만주와 한반도 북쪽에 살던 유목 민족으로,
고구려의 지배를 받기도 했어요.

얼마 뒤 영주가 발칵 뒤집혔어요.
거란족이 독립하겠다며 당나라 관리를 죽이고 반란을 일으킨 것이에요.
대조영과 걸걸중상은 때가 왔다고 생각했어요.
"아버지, 고구려 땅으로 돌아갈 좋은 기회입니다.
당나라는 반란에 신경 쓰느라 우리를 쫓아올 겨를이 없을 것입니다."
"네 말이 맞다. 말갈족도 같이 돌아가는 것이 좋겠다.
말갈 추장 걸사비우에게 사람을 보내거라."
그리하여 말갈족도 함께 떠나기로 했어요.
고구려 땅으로 돌아간다는 말에 너도나도 따라나섰어요.

대조영과 걸걸중상은 영주 지방을 벗어나 숨을 골랐어요.
거란의 반란은 오래가지 못했어요.
당나라는 반란을 잠재우고 대조영에게 사람을 보내왔어요.
"폐하께서는 그대들이 돌아온다면 용서하겠다고 하셨소.
또 벼슬을 내리실 것이니 앞날이 편안할 것이오."
걸걸중상은 단호하게 거절했어요.
"돌아가시오. 우리는 길에서 죽을지언정
당나라 백성으로 살지는 않을 것이오."

당나라 관리가 돌아간 뒤 걸걸중상이 말했어요.
"당나라군이 쫓아올 테니 서둘러 이곳을 떠나야겠다.
나는 이미 늙어 얼마나 버틸지 알 수 없구나.
만일 내가 죽거든 네가 이들을 이끌어야 한다."
다시 길을 떠난 지 오래지 않아 걸걸중상은 숨을 거두었어요.
이제 대조영이 고구려 사람들을 이끌게 되었어요.

아니나 다를까, 당나라군이 쫓아왔어요.
걸사비우가 말갈족을 이끌고 나섰다가 목숨을 잃었어요.
대조영이 말갈족까지 이끌게 되었어요.
대조영은 일행을 다독여 높고 험한 천문령을 넘었어요.
가파른 골짜기에는 군사들을 숨겨 두었지요.
"밀리는 척하며 당나라군을
꾀어낼 테니 한꺼번에 공격하라."

당나라군은 신이 나서 대조영을 쫓아왔어요.
약속한 곳에 이르자 대조영이 돌아서서 외쳤어요.
"지금이다. 모두 공격하라!"
당나라군은 갑작스러운 공격에 갈팡질팡
어쩔 줄 몰랐어요.
"우리가 당나라군을 무찌르다니.
만세! 대조영 만세!"

대조영은 얼마쯤 가다가 동모산에 이르렀어요.
"당나라가 섣불리 공격해 오지 못할 곳이다.
이곳에 고구려를 잇는 새 나라를 세워야겠다."
대조영은 동모산에 도읍을 정하고 성을 쌓았어요.
새로운 나라, 발해가 세워진 것이지요.
숨죽여 지내던 고구려 백성들이 소식을 듣고 찾아들었어요.

대조영은 이들을 받아들이고 땅을 넓히는 한편
신라와 돌궐에 사신을 보냈어요.
고구려를 이은 새로운 나라가 탄생했음을 주변에 알린 거예요.
발해는 짧은 시간에 넓은 땅을 차지하며 큰 나라로 우뚝 섰어요.

돌궐 : 당나라 북쪽에서 중앙아시아에 걸쳐 넓은 지역을 다스리던 유목 민족이에요.

대조영의 뒤를 이어 2대 무왕이 왕위에 올랐어요.
무왕은 신하들에게 말했어요.
"나는 누구도 넘보지 못하게 크고 강한 나라를 만들 것이오!"
무왕은 직접 군대를 이끌고 나섰어요.
"바람처럼 달려가 단번에 무너뜨려라!"
발해군은 함성을 지르며 적진으로 쳐들어갔어요.
어느 나라도 발해군을 막을 수 없었어요.
거침없는 무왕과 용감한 발해군은
발해 땅을 옛 고구려 땅만큼이나 넓혀 놓았어요.
발해는 어느덧 당나라와도 맞설 만큼 강한 나라가 되었지요.

발해의 북쪽에는 흑수말갈이 있었어요.
마침 흑수말갈이 당나라와 힘을 합치려고 하자
무왕은 동생 대문예를 불렀어요.
"당나라와 흑수말갈이 힘을 합치면 발해가 위태로워진다.
당나라와 손잡지 못하도록 흑수말갈을 쳐야겠으니

흑수말갈 : 말갈의 한 부족이에요.

네가 군사들을 이끌고 나서도록 해라."
하지만 대문예는 무왕과 생각이 달랐어요.
"흑수말갈을 공격하면 당나라가 가만있지 않을 겁니다.
고구려도 당나라와 싸워 멸망하지 않았습니까?"
"감히 명령을 거역하는 것이냐?"
화가 난 무왕은 직접 나서서 흑수말갈을 정복했어요.
그러는 사이 대문예는 당나라로 도망쳤어요.
무왕이 대문예를 내놓으라고 했지만
당나라는 딴청만 피웠어요.

무왕은 장군 장문휴에게 명령했어요.
"당나라가 발해를 얕보지 못하게 본때를 보여야겠소.
바다를 건너가 등주를 공격하시오."
바다를 건너 공격하는 것은 쉬운 일이 아니었어요.
하지만 장문휴 장군이 이끄는 발해 수군은 자신만만했어요.
"공격하라! 발해의 힘을 보여 주어라!"
발해군이 등주를 공격하자 당황한 당나라는 대문예에게
당나라군을 이끌게 하고 신라에 도움을 청했어요.
하지만 신라군은 추운 날씨 탓에 싸우기도 전에
물러났고 당나라군도 크게 패했지요.
그 뒤로 당나라는 발해를 넘보지 못했어요.

무왕의 바람대로 발해는 크고 강한 나라가 되었어요.
3대 문왕은 발해를 황제의 나라로 만들었어요.
"이제부터 왕을 황제라고 부르라."
"황제 폐하 만세!"
문왕은 드넓은 땅을 잘 다스리기 위해 제도를 다듬었고,
학문을 익히는 '주자감'을 세워 인재를 키웠어요.

또 상경에 큰 성을 짓고 도읍을 옮겼어요.
도로는 바둑판처럼 반듯반듯했고, 궁궐로 통하는 길은
마차 12대가 지날 만큼 넓었지요.
"황제의 나라에 어울리는 도읍을 갖추었구나."
문왕은 매우 흐뭇했어요.

발해는 눈부시게 발전해 나갔어요.
10대 왕인 선왕 시절, 발해는 가장 넓은 땅을 차지했어요.
다른 나라와도 활발하게 교류해서,
상경성에서 다른 나라로 이어지는 큰길이 다섯 개나 있었지요.

그 길을 따라 들어온 다른 나라 사람과 물건으로
상경성은 언제나 북적거렸어요.
발해 젊은이들은 그 길을 따라 당나라에 가서 이름을 떨쳤어요.
그 무렵 당나라에서는 발해를 '해동성국'이라고 불렀어요.
'바다 동쪽에 있는 크고 강한 나라'라는 뜻이지요.

하지만 발해의 영광은 오래가지 못했어요.
대조영이 발해를 세운 지 200여 년이 지났을 즈음
관리들 사이에 권력 다툼이 심했어요.
일본에 사신으로 간 사람들이 그곳에 눌러앉기도 했지요.
그런 데다가 발해가 흔들리는 틈을 타 거란이 쳐들어왔어요.

거란 왕이 직접 이끈 군대는 고작 보름 만에 상경성에 이르렀어요.
발해의 마지막 왕 대인선이 막아 보려 했지만 힘에 부쳤어요.
거란은 상경성을 짓밟고 불태웠어요.
왕과 왕비, 그리고 수많은 백성이 거란으로 끌려갔어요.
크고 빛났던 황제의 나라, 발해는 이렇게 멸망하고 말았어요.

"고려도 고구려를 잇는 나라라고 한다.
발해와 형제인 셈이니, 우리를 받아 줄 것이다."
발해 왕자 대광현은 백성들을 이끌고 고려로 향했어요.
고려의 태조 왕건은 이들을 따뜻하게 맞아 주었어요.
발해 사람들은 곳곳에 퍼져 살면서
발해의 숨결과 정신을 이어 갔답니다.

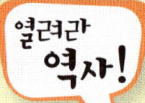

동방의 빛나는 나라 발해

중국 사람들은 발해를 '바다 동쪽에 있는 크고 강한 나라'라는 뜻으로 '해동성국'이라고 불렀어요. 발해의 어떤 점이 해동성국으로 불리게 했을까요?

황제의 나라

발해는 황제의 나라였어요. 문왕의 넷째 딸인 정효 공주 무덤의 묘지명을 보면 공주의 아버지를 '황상'이라고 표현했어요. 황상이란 '지금 나라를 다스리는 황제'라는 뜻이지요. 또 발해는 '대흥', '인왕'과 같은 연호를 사용했어요. 연호는 황제가 자신이 다스린 해를 구분하여 헤아리기 위해 정하는 것이에요.

벽화가 그려진 정효 공주 묘

발해 고분군에서 발굴된 금관 장식

당나라로 통하는 영주도

발해

서경

당나라로 통하는 조공도

넓은 영토와 5개의 도읍

발해는 우리 역사상 가장 넓은 땅을 차지했어요. 중국 역사서인 <신당서>에는 발해의 땅이 사방 5천 리라고 적혀 있어요. 가장 넓었을 때는 통일 신라의 4~5배, 고구려의 두 배 가까이 되었어요. 이렇게 넓은 땅을 고루 다스리기 위해 발해는 5개의 도읍, 5경을 두었어요. 가운데 중경을 중심으로 동, 서, 남, 북에 각각 동경, 서경, 남경, 상경이지요.

신라

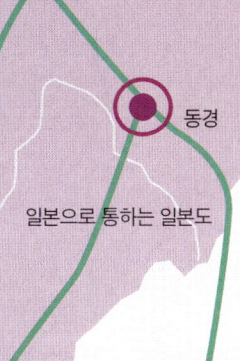

아시아에서 두 번째로 큰 도시, 상경

상경은 5경 가운데에서도 가장 오랫동안 도읍지였어요. 당나라 장안성을 본떠 만든 계획도시로서 당시 아시아에서 장안성 다음으로 큰 도시였어요. 거란, 당나라, 신라, 일본, 시베리아 등으로 통하는 발해 5도는 모두 상경으로 연결되었어요. 여러 나라 사람과 물건, 문화가 모여드는 개방적이고 활달한 문화의 중심지가 바로 상경이었지요.

상경성 성문 터

우수한 인재의 나라

발해 젊은이들은 당나라로 유학을 떠났어요. 당나라 최고 교육 기관인 국자감에서 공부하였고, 외국인을 위한 과거 시험인 빈공과에 여럿 합격했어요. 신라의 인재와 1등을 다투기도 했답니다.

발해 5경과 대외 교통로

고구려를 이은 발해

발해가 일본에 보낸 문서에는 '발해 왕이 고려(고구려) 국왕이다'라고 쓰여 있어요. 고구려를 계승한 나라임을 밝힌 것이지요. 문왕 때에는 고구려를 계승한다는 뜻에서 나라 이름을 '고려'라고 한 적도 있어요. 이때 '고려'는 고구려의 다른 이름이에요.

발해의 사신에 대해 적혀 있는 목간

다양한 문화의 나라

도로가 발달하여 여러 나라와 오간 발해는 고구려 문화를 바탕으로 당나라와 말갈 등 여러 나라의 문화를 받아들여 다양하고 세련된 문화를 발달시켰어요.

상경성에서 출토된 돌사자상

발해의 바탕, 고구려 문화

발해는 고구려 문화를 이어받았어요. 고구려처럼 쪽구들을 사용해서 집 안을 덥혔고 평지성과 산성을 따로 쌓았어요. 기와 무늬를 비교해 보면 고구려와 닮았다는 것을 잘 알 수 있어요. 이 밖에 불상 등 불교문화도 고구려의 색깔을 띠고 있어요.

고구려 수막새 기와   발해 수막새 기와

동경성에서 발굴된 이불병좌상

당나라 문화도 받아들이고

문왕의 딸인 정효 공주 무덤은 벽돌을 쌓아 만든 당나라식 무덤이고 상경성도 당나라의 도읍 장안성을 본떠 건설했어요. 발해는 당나라의 앞선 문화를 적극적으로 받아들였어요. 초록, 노랑, 갈색 등 세 가지 색깔을 띠는 도자기도 당나라의 영향을 받았어요.

높이 6미터가 넘는 발해 석등   청동 거울   세 가지 색깔을 띠는 향로

발해만의 독특한 문화

상경성에서 출토된 도깨비 기와는 독특하고 발랄한 발해 문화를 보여 주어요. 웅장한 석등, 무덤 위에 만드는 탑, 궁궐 기둥 아랫부분의 도자기 기둥 장식도 발해에서만 볼 수 있는 문화이지요.

상경성 도깨비 기와

금제 꽃무늬 장식

영광탑으로 불리는 발해 탑

금제 허리띠와 버클

금제 장식품

녹색 유약을 바른 치미

궁금하다, 궁금해!

 **Q1. 등주성은 어디인가요?**

 **A1.** 지금의 산둥 성으로, 중국 땅에서 제일 오래된 해양 요새예요. 고구려를 공격한 수나라와 당나라의 수군도 이곳에서 출발했다고 해요. 지금 남아 있는 성은 송나라 때 만들었어요.

산둥 반도에 있는 등주성

Q2. 거란은 어떤 부족인가요?

A2. 동몽골 일대에 살던 유목 민족이에요. 여러 부족으로 흩어져 살았는데 916년 야율아보기가 통합하고 황제가 되어 '거란'이라는 나라를 세웠어요. 발해를 멸망시킨 뒤 남쪽 송나라와 맞서다가 1125년 여진족이 세운 금나라에 멸망했어요. 나중에 이름을 '요'로 바꾸었어요.

Q3. 말갈족은 어떤 부족이에요?

A3. 6~7세기경 만주 북동부와 한반도 북쪽 지역에 살던 유목 민족이에요. 속말, 백산, 백돌, 불녈, 호실, 흑수, 안차골 등 7개 부족이 대표적이에요. 속말과 백산 말갈은 고구려 백성이었다가 나중에 발해 백성이 되었어요. 흑수말갈은 발해에 맞서다가 나중에 거란 백성이 되었어요.

발해 투구

Q4. 발해가 원래 이름이 아니라고요?

상경성에 호수를 만들 때 파낸 흙더미 산을 알리는 비석

A4. 대조영은 처음에 나라 이름을 '크게 떨친다'는 뜻에서 '진국'이라고 지었어요. 그러다가 당나라가 나중에 나라 이름을 '발해'로 바꾸었어요.

Q5. 왜 '남북국 시대'라고 하나요?

A5. 발해가 있던 당시 한반도 남쪽에는 통일신라가 있었어요. 유득공은 〈발해고〉 머릿말에서 "백제가 망하고 고구려가 망하자 신라가 그 남쪽을, 고구려를 이은 발해가 그 북쪽을 영역으로 하고 있으니 이것이 남북국이다."라고 밝히고 있어요.

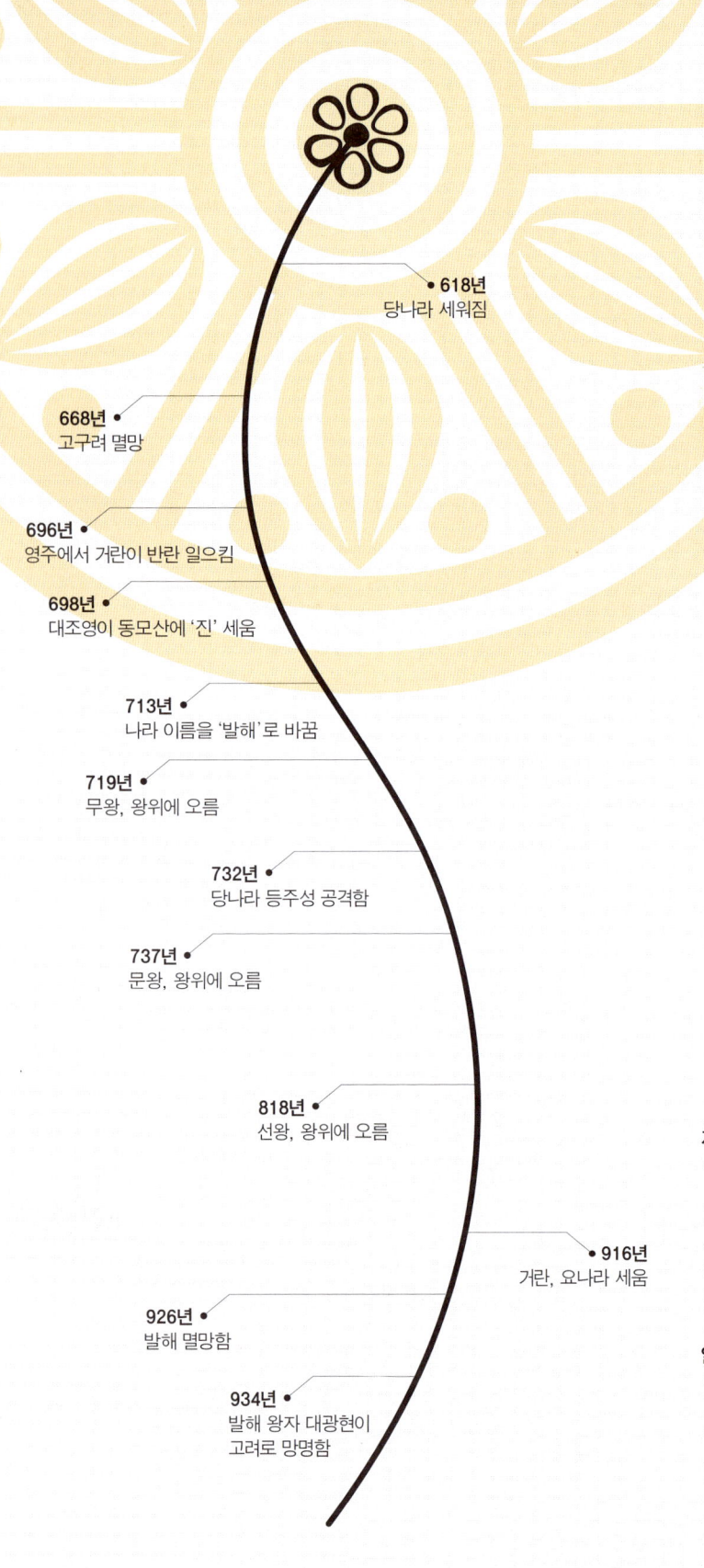

- 618년
  당나라 세워짐
- 668년
  고구려 멸망
- 696년
  영주에서 거란이 반란 일으킴
- 698년
  대조영이 동모산에 '진' 세움
- 713년
  나라 이름을 '발해'로 바꿈
- 719년
  무왕, 왕위에 오름
- 732년
  당나라 등주성 공격함
- 737년
  문왕, 왕위에 오름
- 818년
  선왕, 왕위에 오름
- 916년
  거란, 요나라 세움
- 926년
  발해 멸망함
- 934년
  발해 왕자 대광현이 고려로 망명함

자료 제공 및 출처
- 32~33 돌사자상, 봉황연꽃무늬 수막새 기와, 연꽃무늬 수막새 기와, 청동 거울, 이불병좌상 도깨비 기와, 꽃무늬 장식, 허리띠와 버클, 황금 장식, 녹색 유약을 바른 치미, 영광탑_송기호
- 35 상경성 유적지 표지비_송기호
- 유로크레온, 연합뉴스
- (주)이수출판은 이 책에 사용한 모든 자료의 출처를 밝히기 위해 최선을 다했습니다. 누락되었거나 잘못된 점이 있으면 알려 주십시오. 바로잡겠습니다.

일러두기
- 맞춤법, 띄어쓰기는 국립국어원에서 펴낸 〈표준국어대사전〉을 기준으로 삼았습니다.
  단, 역사 용어의 표기와 띄어쓰기는 교육인적자원부에서 펴낸 〈교과서 편수 자료〉를 따르되, 어려운 용어는 쉽게 풀어 썼습니다.
- 외국 인명, 지명은 국립국어원의 〈외래어 표기 용례집〉을 따랐습니다.
  단, 중국 인명은 신해혁명을 기점으로 한자음과 현지음으로 나누었고, 중국 지명은 현지음에 따랐습니다.

누리 한국사

★ 생활 문화사

선사 시대		
	★01 구석기 생활 문화	동굴 소년 재간손이
	★02 신석기 생활 문화	움집 소년 큰눈이
	★03 청동기 생활 문화	청동 소년 번득이

고조선
- 04 고조선 | 단군이 세운 고조선

삼국 시대
- 05 신라 건국 | 여섯 마을이 세운 신라
- 06 고구려 건국 | 주몽이 세운 고구려
- 07 백제 건국 | 한강에 자리 잡은 백제
- 08 가야 | 철로 일어선 가야
- 09 백제 전성기 | 근초고왕, 강한 백제를 만들다
- ★10 백제 생활 문화 | 기와 공방 일꾼 다리
- 11 고구려 전성기 | 거침없이 뻗어 나가는 고구려
- ★12 고구려 생활 문화 | 재주꾼 달기, 달을 쏘다
- 13 신라 전성기 | 진흥왕, 한강을 손에 넣다
- 14 신라 불교 수용 | 이차돈을 잃고 불교를 얻다
- 15 수·당의 침략 | 수·당을 물리친 고구려
- 16 삼국 통일 | 세 나라를 통일한 신라

남북국 시대
- 17 발해 | 크고 강한 나라 발해
- 18 통일 신라 대외 교역 | 청해진, 세계와 통하다
- ★19 신라 생활 문화 | 시골 소년 해련의 서라벌 여행
- ★20 통일 신라 불교문화 | 수동이와 토함산 산신령
- 21 후삼국 | 다시 세 나라로 나뉘다

고려
- 22 고려 건국 | 마음을 얻어 나라를 세우다
- 23 고려 기틀 다지기 | 광종이 노비를 풀어 준 까닭은?
- ★24 고려 신분과 생활 | 천방지축 고려 소녀 단이
- 25 거란 침입 | 세 번의 침입, 고려의 승리
- ★26 고려 대외 교류 | 벽란도에 간 아청이
- 27 문벌 귀족의 혼란 | 이자겸의 난과 묘청의 난
- 28 무신 정변 | 무신의 시대
- ★29 천민의 난 | 이대로는 살 수 없다
- 30 몽골의 침략 | 대제국 몽골의 침략을 받다
- ★31 고려 불교문화 | 부처님, 형을 돌려주세요
- 32 공민왕의 개혁 정치 | 원나라 옷을 벗어 던지다

조선
- 33 조선 건국 | 새로운 나라를 꿈꾸다
- 34 조선 기틀 다지기 | 왕의 힘이 강해져야 해
- 35 조선 문화 발달 | 세종은 왜 한글을 만들었을까?
- ★36 조선 양반 생활 | 명나라 지도책을 선물할 테야
- ★37 조선 농촌 생활 | 들돌을 들어야 일꾼!
- 38 사림 정치 | 바른 소리로 나라를 이끌다
- 39 임진왜란 | 온 백성의 힘으로 왜적을 물리치다
- 40 병자호란 | 항복할 것인가, 싸울 것인가
- 41 영조의 탕평책 | 탕탕평평, 치우치지 마라
- 42 정조의 개혁 정치 | 화성에 꽃핀 정조의 꿈
- 43 실학 | 쓸모 있는 학문을 연구하다
- ★44 조선 후기 사회 변화 | 소예와 맹 도령
- ★45 조선 후기 여성의 삶 | 언니 시집가는 날
- 46 농민 봉기 | 세금에 짓눌린 농민들
- 47 흥선 대원군의 정치 | 흔들리는 나라를 바로 세워라

개화기
- 48 조선의 문호 개방 | 조선, 항구를 열다
- 49 개화기의 혼란 | 임오군란과 갑신정변
- 50 동학 농민 운동 | 농민군이 꿈꾼 세상
- 51 대한 제국 | 황제의 나라가 되다
- ★52 개화기의 변화 | 달라진 한양이 궁금해

일제 강점기
- 53 을사조약과 국권 상실 | 나라를 빼앗기다
- 54 항일 계몽 운동 | 나라를 지키려는 노력
- ★55 일제의 경제 수탈 | 땅도 쌀도 빼앗기고
- 56 3·1 운동과 임시 정부 | 대한 독립 만세!
- 57 무장 독립 운동 | 독립군의 빛나는 승리
- ★58 일제의 민족 말살 정책 | 내 이름은 봉구

대한민국
- 59 광복과 분단 | 두 개로 나뉜 한반도
- 60 민주주의와 경제 발전 | 발전하는 대한민국